Impressum
Verlag: BABADADA GmbH, Nedderfeld 112 , 22529 Hamburg
Geschäftsführer / Verlagsleitung: Harald Hof
Druck: Books on Demand GmbH, In de Tarpen 42, 22848 Norderstedt

Imprint
Publisher: BABADADA GmbH, Nedderfeld 112 , 22529 Hamburg, Germany
Managing Director / Publishing direction: Harald Hof
Print: Books on Demand GmbH, In de Tarpen 42, 22848 Norderstedt

paaralan
school

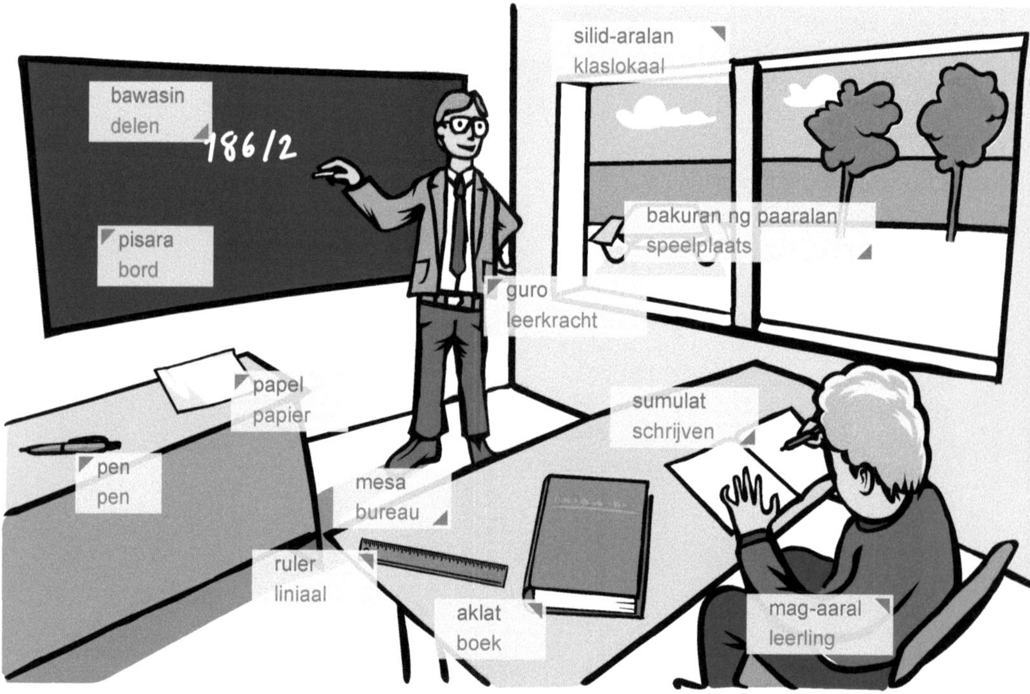

silid-aralan
klaslokaal
bawasin
delen
186/2
bakuran ng paaralan
speelplaats
pisara
bord
guro
leerkracht
papel
papier
sumulat
schrijven
pen
pen
mesa
bureau
ruler
liniaal
aklat
boek
mag-aaral
leerling

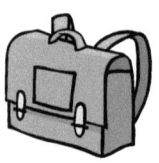

satchel

schooltas

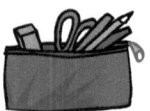

lalagyan ng lapis

pennenzak

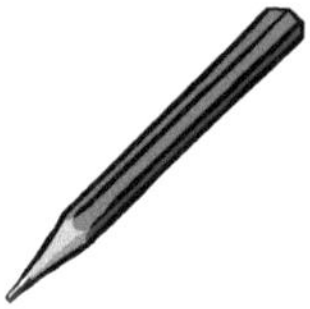

lapis

potlood

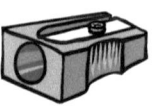

pantasa

puntenslijper

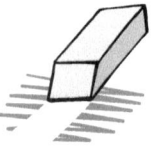

goma

gom

drowing pad

tekenblok

drowing
....
tekening

pinsel na pampinta
....
verfborstel

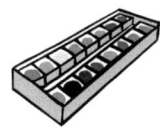

kahon ng pinta
....
verfdoos

gunting
....
schaar

pandikit
....
lijm

aklat para sa pagsasanay
....
werkboek

takdang-aralin
....
huiswerk

numero
....
nummer

dagdagan
....
optellen

bawasin
....
aftrekken

paramihin
....
vermenigvuldigen

kalkulahin
....
rekenen

liham
....
letter

alpabeto
....
alfabet

salita
....
woord

teksto

tekst

basahin

Lezen

yeso

krijt

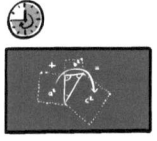

leksyon

les

rehistro

klassenboek

eksaminasyon

examen

sertipiko

certificaat

uniporme sa paaralan

schooluniform

edukasyon

onderwijs

encyclopedia

encyclopedie

unibersidad

universiteit

mikroskopyo

microscoop

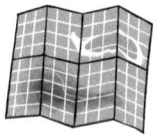

mapa

kaart

basurahan ng papel

papiermand

paglalakbay

reis

hotel
hotel
Grand
hostel
jeugdherberg
ROOMS
CHANGE
tanggapan ng palitan ng pera
wisselkantoor
maleta
koffer
kotse
auto

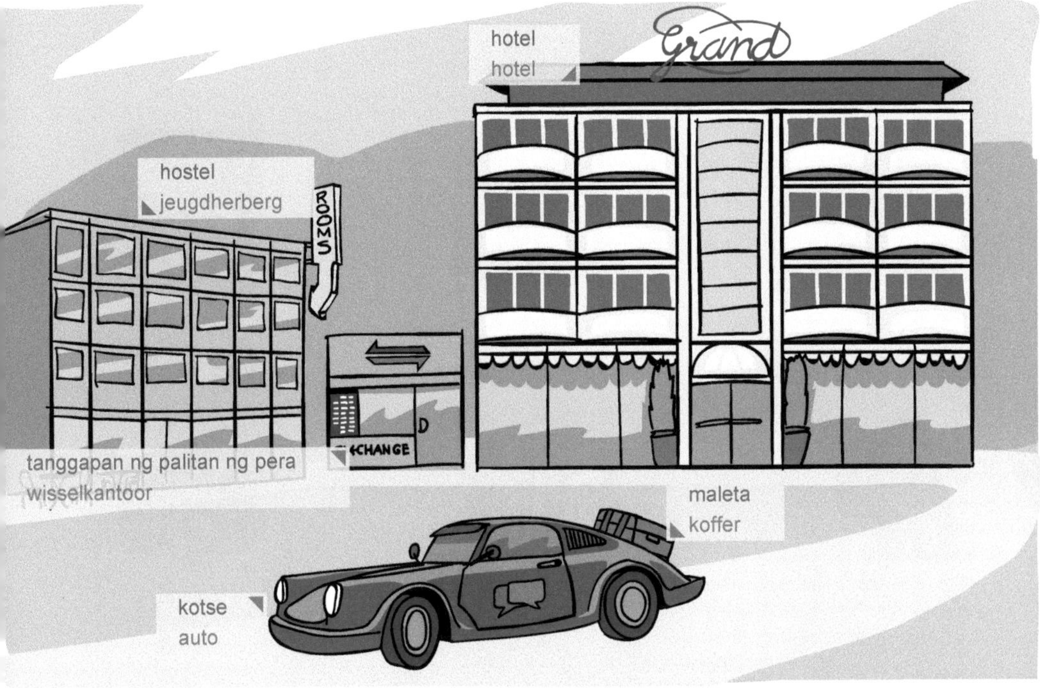

wika
Taal

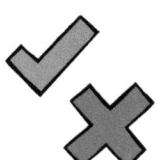

oo / hindi
ja / nee

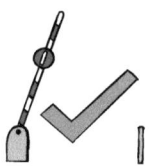

Okey
oké

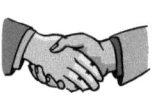

kumusta
hallo

tagapagsalin
vertaler

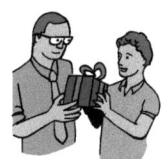

Salamat
bedankt

magkano ang...?

Hoeveel kost ...?

Hindi ko maintindihan

Ik begrijp het niet

problema

probleem

Magandang gabi!

Goedenavond!

Magandang umaga!

Goedemorgen!

Magandang gabi!

Goedenavond!

paalam

Tot ziens

direksyon

richting

bahage

bagage

bag

zak

napsak

rugzak

panauhin

gast

silid

kamer

sakong tulugan

slaapzak

tolda

tent

impormasyon ng turista

toeristeninformatie

dalampasigan

strand

credit card

kredietkaart

almusal

ontbijt

tanghalian

lunch

hapunan

avondeten

tiket

ticket

elebeytor

lift

selyo

postzegel

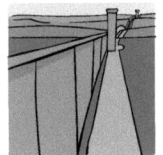

hangganan

grens

adwana

douane

embahada

ambassade

visa

visum

pasaporte

paspoort

transportasyon

transport

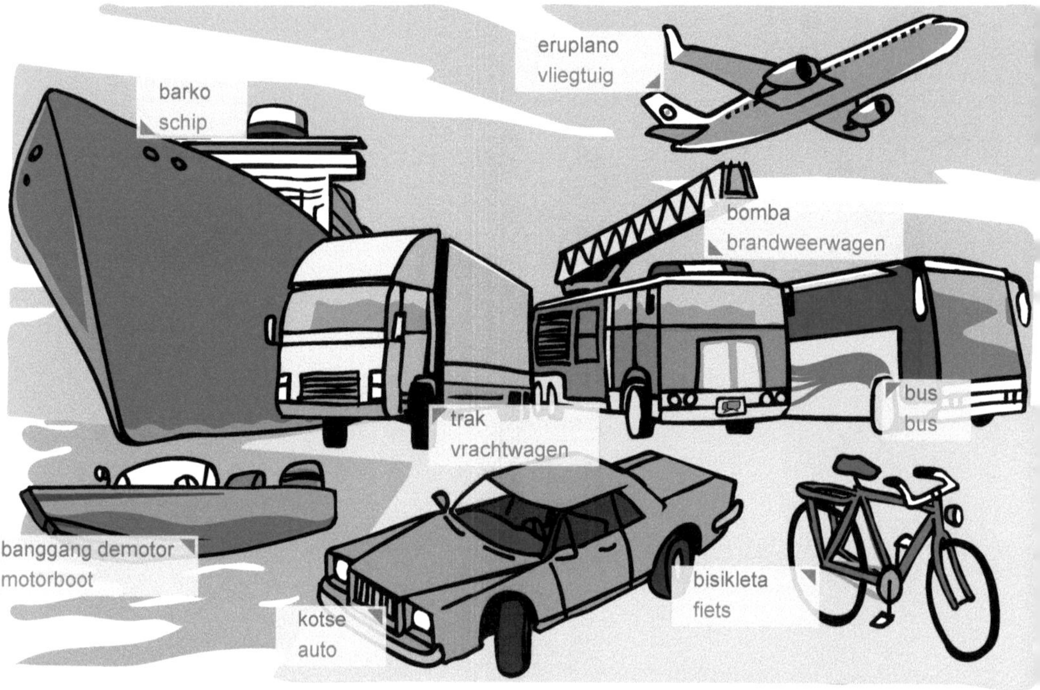

eruplano
vliegtuig
barko
schip
bomba
brandweerwagen
bus
bus
trak
vrachtwagen
banggang demotor
motorboot
bisikleta
fiets
kotse
auto

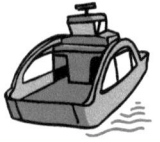

lantsang pantawid

veerboot

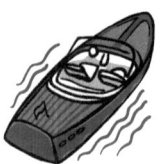

bangka

boot

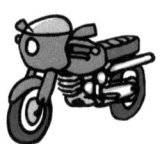

motorsiklo

motor

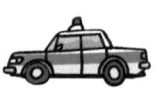

sasakyan ng pulis

politiewagen

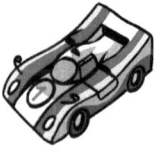

kotseng pangkarera

racewagen

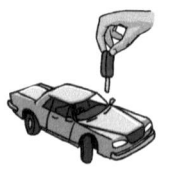

nirerentahang kotse

huurauto

car sharing

carpoolen

trak na panghila

sleepwagen

trak na pantapon ng basura

vuilniswagen

motor

motor

panggatong

benzine

gasolinahan

benzinestation

karatula ng trapiko

verkeersbord

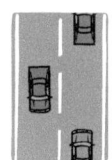

trapiko

verkeer

masikip na trapiko

file

paradahan ng kotse

parkeerplaats

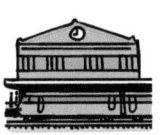

estasyon ng tren

station

riles

sporen

tren

trein

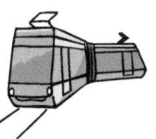

trambya

tram

wagon

wagon

helikopter

helikopter

paliparan

luchthaven

tore

toren

pasahero

passagier

sisidlan

container

karton

karton

kariton

kar

basket

mand

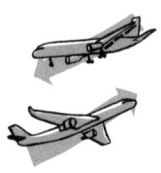

umalis / lumapag

opstijgen / landen

lungsod

stad

nayon

dorp

sentro ng lungsod

stadscentrum

bahay

huis

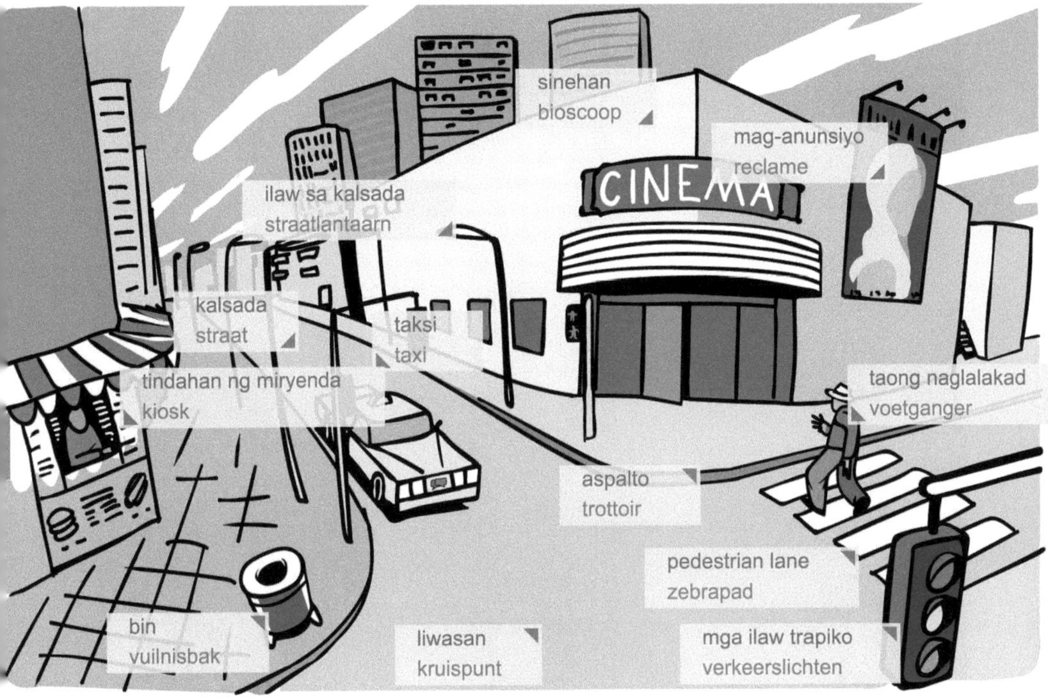

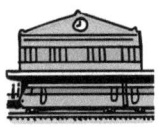

sinehan
bioscoop
mag-anunsiyo
reclame
CINEMA
ilaw sa kalsada
straatlantaarn
kalsada
straat
taksi
taxi
tindahan ng miryenda
kiosk
taong naglalakad
voetganger
aspalto
trottoir
pedestrian lane
zebrapad
bin
vuilnisbak
liwasan
kruispunt
mga ilaw trapiko
verkeerslichten

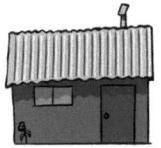

kubo

hut

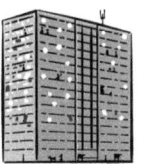

patag

woning

estasyon ng tren

station

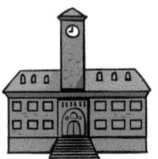

munisipyo

stadshuis

MUSEUM

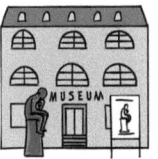

museo

museum

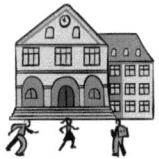

paaralan

school

unibersidad

universiteit

bangko

bank

ospital

ziekenhuis

hotel

hotel

parmasya

apotheek

opisina

kantoor

tindahan ng aklat

boekwinkel

tindahan

winkel

tindahan ng bulaklak

bloemenwinkel

supermarket

supermarkt

palengke

markt

department store

warenhuis

tindahan ng isda

vishandelaar

sentrong pamilihan

winkelcentrum

daungan

haven

parke

park

bangko

bank

tulay

brug

hagdan

trap

underground

metro

tunel

tunnel

hintuan ng bus

bushalte

bar

bar

restawran

restaurant

kahon ng koreo

brievenbus

karatula sa kalsada

straatnaambord

metro ng paradahan

parkeermeter

zoo

zoo

swimming pool

zwembad

moske

moskee

bukid

boerderij

polusyon

milieuverontreiniging

libingan

kerkhof

simbahan

kerk

palaruan

speelplaats

templo

tempel

tanawin

landschap

dahon
blad

posteng pananda
wegwijzer

daan
weg

parang
weide

bato
steen

kahoy
boom

hiker
wandelaar

ilog
rivier

damo
gras

bulaklak
bloem

lambak

vallei

burol

heuvel

look

meer

kagubatan

bos

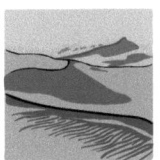

disyerto

woestijn

bulkan

vulkaan

kastilyo

kasteel

bahaghari

regenboog

kabute

paddenstoel

palmera

palmboom

lamok

mug

langaw

vlieg

langgam

mier

bubuyog

bijl

gagamba

spin

salagubang

kever

palaka

kikker

ardilya

eekhoorn

parkupino

egel

liyebre

haas

kuwago

uil

ibon

vogel

sisne

zwaan

bulugan

wild zwijn

usa

hert

moose

eland

dam

dam

turbina ng hangin

windturbine

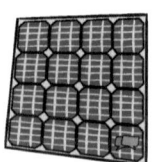

solar panel

zonnepaneel

klima

klimaat

restawran
restaurant

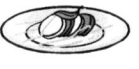

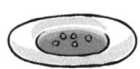

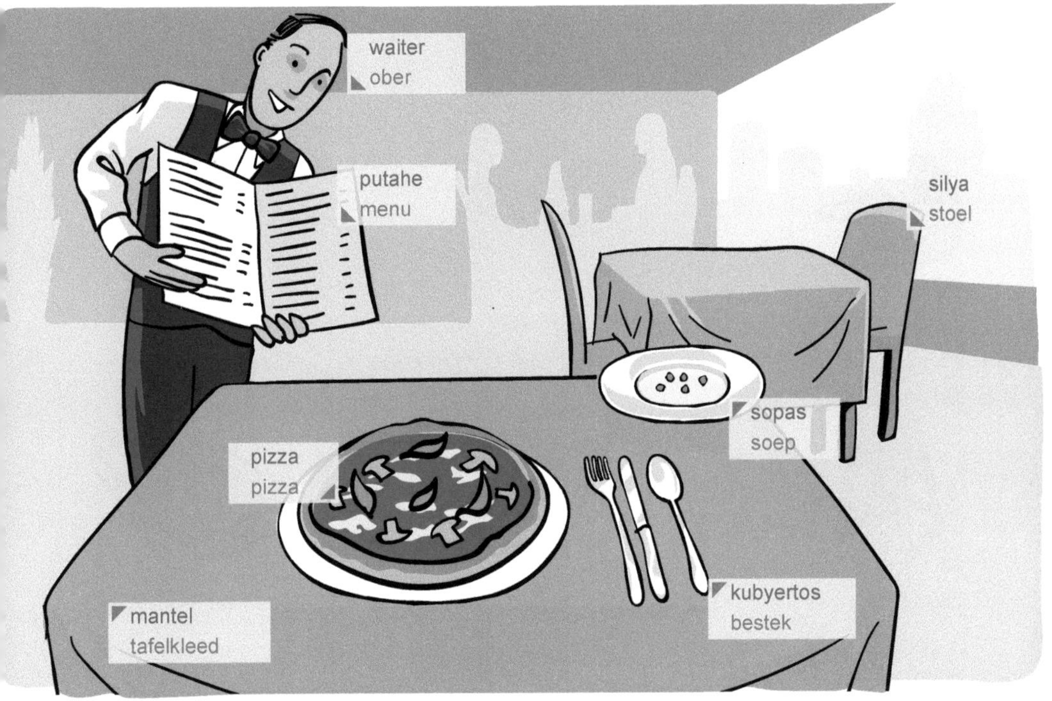

waiter
ober
putahe
menu
silya
stoel
sopas
soep
pizza
pizza
kubyertos
bestek
mantel
tafelkleed

panimula

voorgerecht

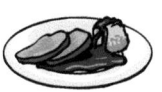

pangunahing pagkain

hoofdgerecht

panghimagas

nagerecht

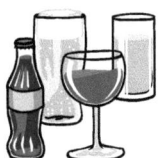

inumin

drankjes

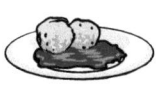

pagkain

eten

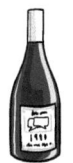

bote

fles

fastfood

fastfood

pagkaing kalye

street food

tsarera

theepot

panutsa

suikerpot

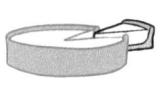

bahagi

portie

espresso machine

espressomachine

mataas na upuan

kinderstoel

bayarin

rekening

bandehado

dienblad

kutsilyo

mes

tinidor

vork

kutsara

lepel

kutsarita

theelepel

serviette

serviette

baso

glas

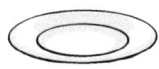

pinggan
bord

platong pansopas
soepbord

platito
schoteltje

sawsawan
saus

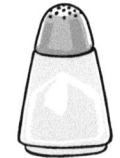

pangkalog ng asin
zoutvatje

panggiling ng paminta
pepermolen

suka
azijn

langis
olie

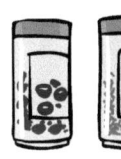

pampalasa
kruiden

ketsup
ketchup

mustasa
mosterd

mayonnaise
mayonaise

supermarket
supermarkt

espesyal na alok
aanbieding
FOR
kustomer
klant
produktong mantikilya
zuivelproducten
prutas
fruit
troli
winkelwagen

BUTCHERS

butser

slagerij

BAKERY

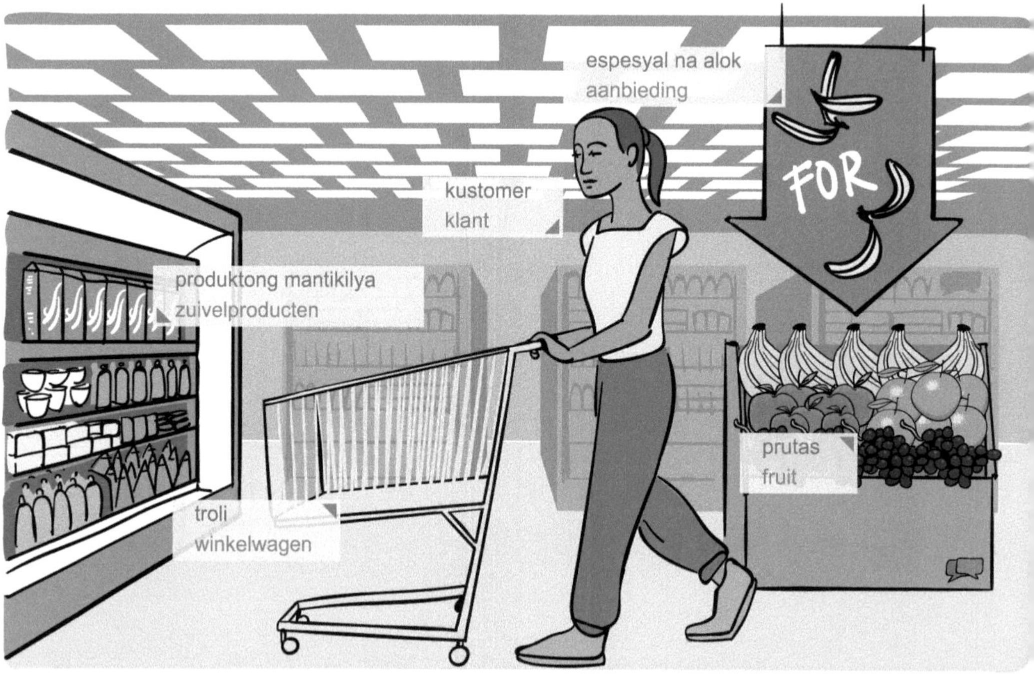

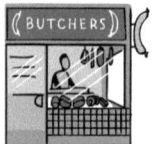

panaderya

bakkerij

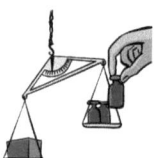

timbang

wegen

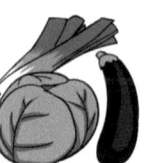

mga gulay

groenten

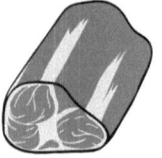

karne

vlees

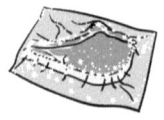

pinalamig na pagkain

diepvriesvoedsel

malamig na karne
charcuterie

delatang pagkain
conserven

pulbos na panlaba
waspoeder

matatamis
snoep

mga produktong pambahay
huishoudproducten

mga produktong panlinis
schoonmaakproducten

tindera
verkoopster

cash register
kassa

kahera
kassier

listahan ng pinamili
boodschappenlijstje

oras ng pagbubukas
openingstijden

pitaka
portefeuille

credit card
kredietkaart

bag
tas

plastik bag
plastieken zakje

tubig

water

juice

sap

gatas

melk

coke

cola

alak

wijn

serbesa

bier

alak

alcohol

kakaw

cacao

tsaa

thee

kape

koffie

espresso

espresso

cappuccino

cappuccino

saging

banaan

mansanas

appel

kahel

sinaasappel

melon

meloen

limon

citroen

carrot

wortel

bawang

knoflook

kawayan

bamboe

sibuyas

ajuin

kabute

champignon

mani

noten

noodles

noodles

spaghetti

spaghetti

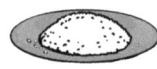

bigas

rijst

ensalada

salade

chips

frieten

pritong patatas

gebakken aardappelen

pizza

pizza

hamburger

hamburger

sandwich

sandwich

piraso ng karneng walang buto

kalfslapje

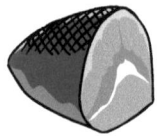

hamon

ham

salami

salami

tsoriso

worst

manok

kip

inihaw

braden

isda

vis

mga porridge oat

havervlokken

muesli

muesli

cornflakes

cornflakes

harina

bloem

croissant

croissant

rolyong tinapay

pistolet

tinapay

brood

tostado

toast

biskuwit

koekjes

mantikilya

boter

keso

kwark

keyk

taart

itlog

ei

pritong itlog

spiegelei

keso

kaas

sorbetes
ijs

asukal
suiker

pulot
honing

jam
confituur

tsokolateng pinapahid
choco

curry
curry

bukid
boerderij

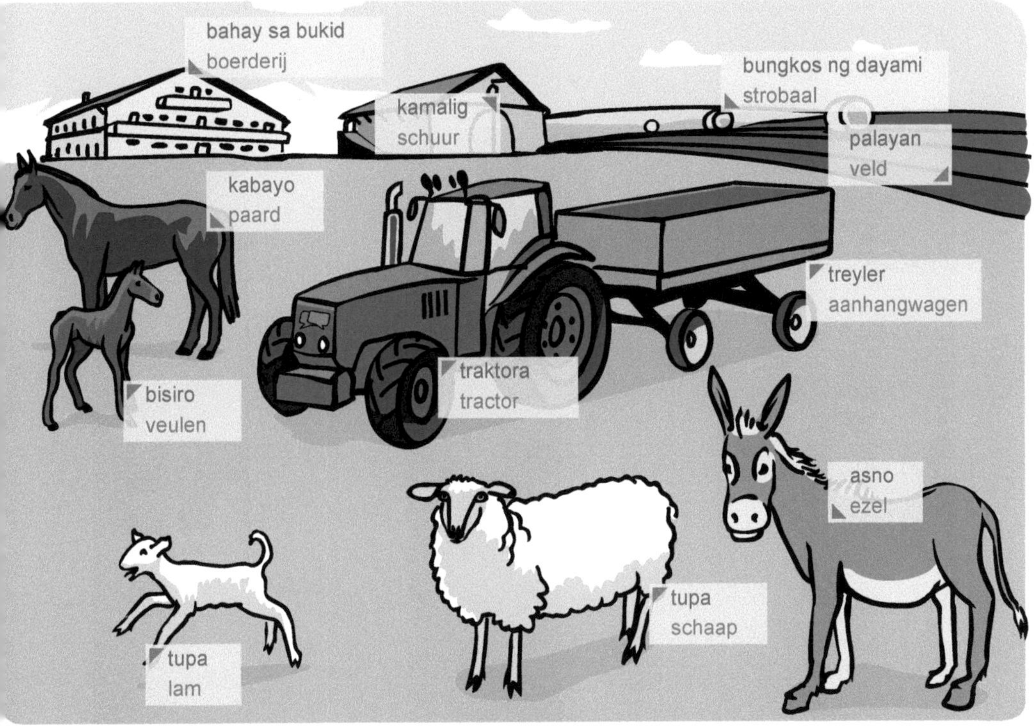
bahay sa bukid
boerderij
kamalig
schuur
bungkos ng dayami
strobaal
palayan
veld
kabayo
paard
treyler
aanhangwagen
bisiro
veulen
traktora
tractor
asno
ezel
tupa
schaap
tupa
lam

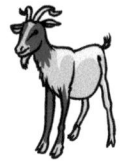

kambing
geit

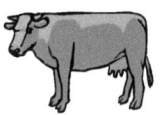

baka
koe

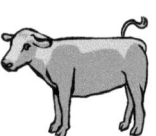

guya
kalf

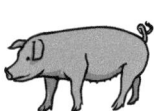

baboy
varken

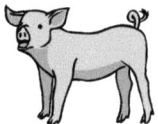

biik
biggetje

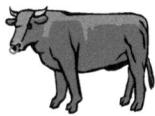

toro
stier

gansa
gans

pato
eend

sisiw
kuiken

inahin
kip

katyaw
haan

daga
rat

pusa
kat

daga
muis

kapong baka
os

aso
hond

bahay ng aso
hondenhok

hose sa hardin
tuinslang

latang pandilig
gieter

haras
zeis

araro
ploeg

karit

sikkel

asarol

schoffel

tuhugin

hooivork

palakol

bijl

karitela

kruiwagen

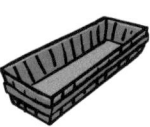

sabsaban

trog

lata ng gatas

melkkan

sako

zak

bakod

hek

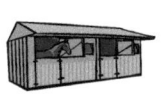

kuwadra

stal

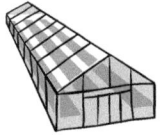

punlaan

broeikas

lupa

bodem

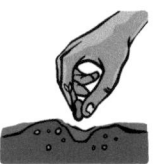

buto

zaad

pataba

mest

combine harvester

maaidorser

mag-ani

oogsten

ani

oogst

yams

yam

trigo

tarwe

soya

soja

patatas

aardappel

mais

maïs

rapeseed

koolzaad

kahoy na namumunga

fruitboom

kamoteng kahoy

maniok

siryal

graan

bahay
huis

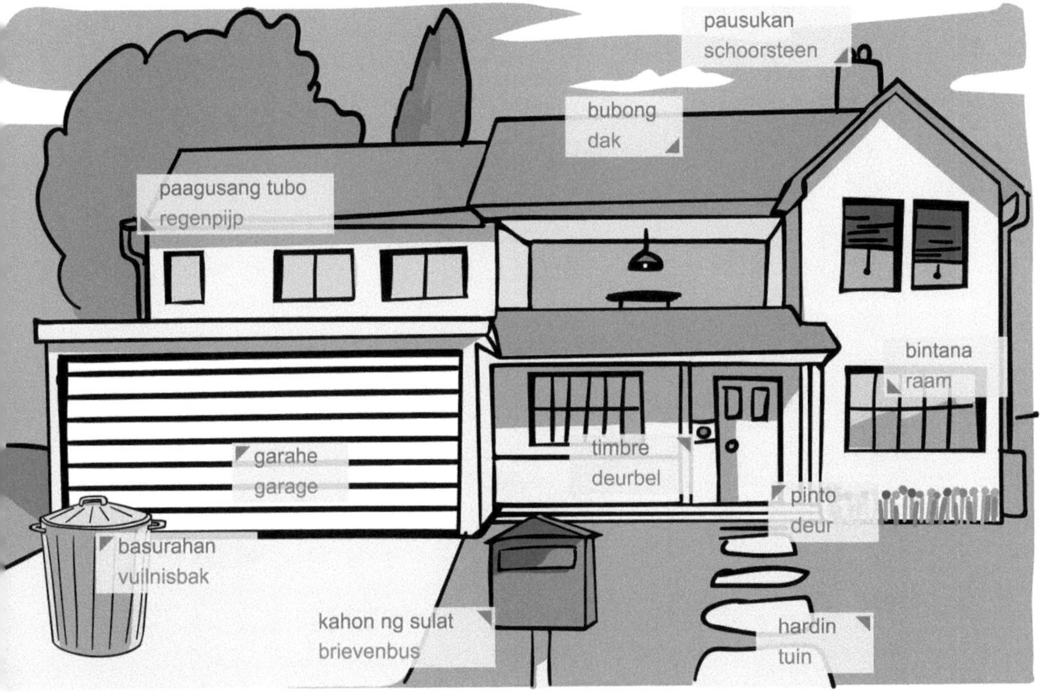
pausukan
schoorsteen
bubong
dak
paagusang tubo
regenpijp
bintana
raam
timbre
deurbel
garahe
garage
pinto
deur
basurahan
vuilnisbak
kahon ng sulat
brievenbus
hardin
tuin

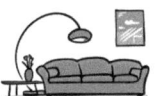

salas

woonkamer

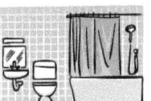

palikuran

badkamer

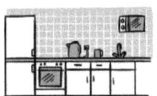

kusina

keuken

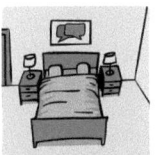

silid-tulugan

slaapkamer

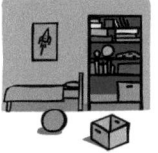

silid ng bata

kinderkamer

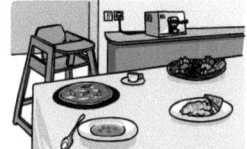

hapag-kainan

eetkamer

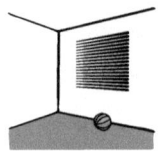

sahig

vloer

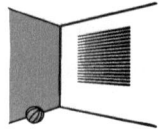

pader

muur

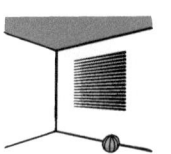

kisame

plafond

bodega ng alak

kelder

sauna

sauna

balkonahe

balkon

terasa

terras

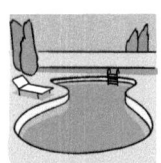

pool

zwembad

pamputol ng damo

grasmaaier

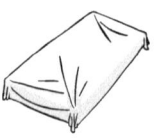

piraso ng papel

dekbedovertrek

kobrekama

dekbed

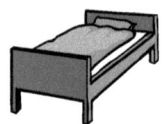

higaan

bed

walis

bezem

timba

emmer

pindutan

schakelaar

salas
woonkamer

wallpaper
behangpapier
litrato
foto
ilaw
lamp
estante
schap
kabinet
kast
telebisyon
televisie
pugon
open haard
bulaklak
bloem
unan
kussen
sopa
sofa
plorera
vaas
remote control
afstandsbediening

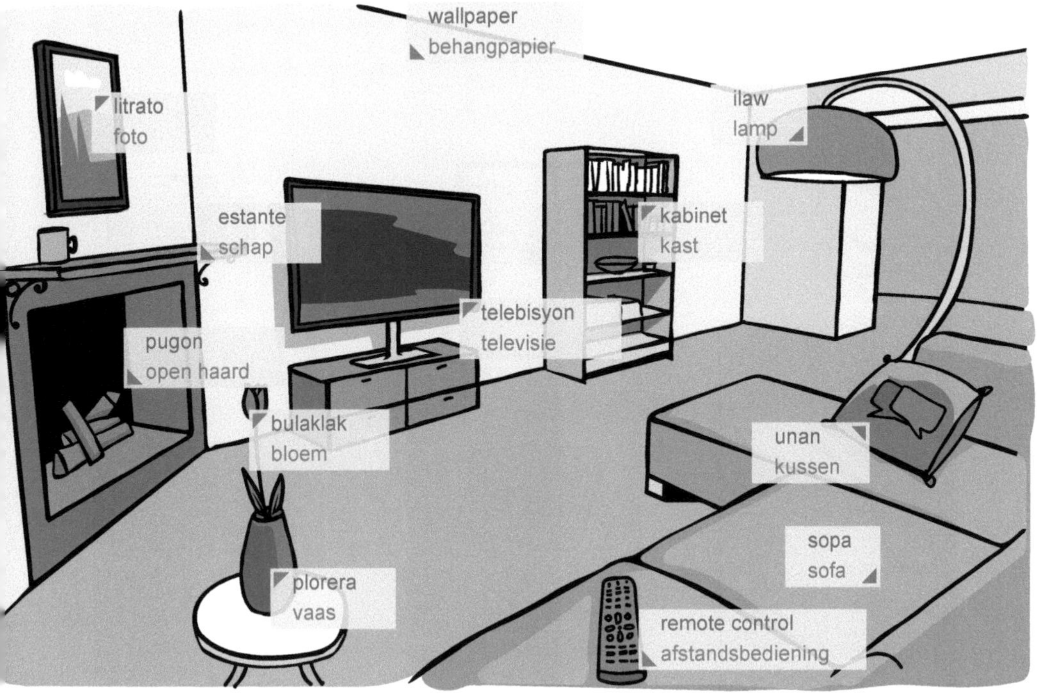

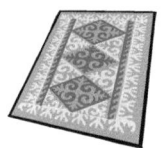

karpet

mat

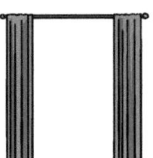

kurtina

gordijn

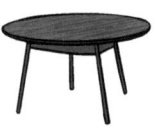

mesa

tafel

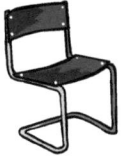

silya

stoel

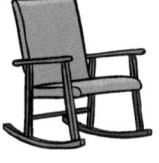

tumba-tumba

schommelstoel

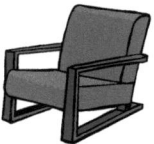

sandalan

fauteuil

aklat

boek

kumot

deken

dekorasyon

decoratie

kahoy na panggatong

brandhout

pelikula

film

hi-fi

stereo-installatie

susi

sleutel

dyaryo

krant

pinta

schilderij

poster

poster

radyo

radio

kuwaderno

notitieboekje

vacuum cleaner

stofzuiger

kaktus

cactus

kandila

kaars

kusina
keuken

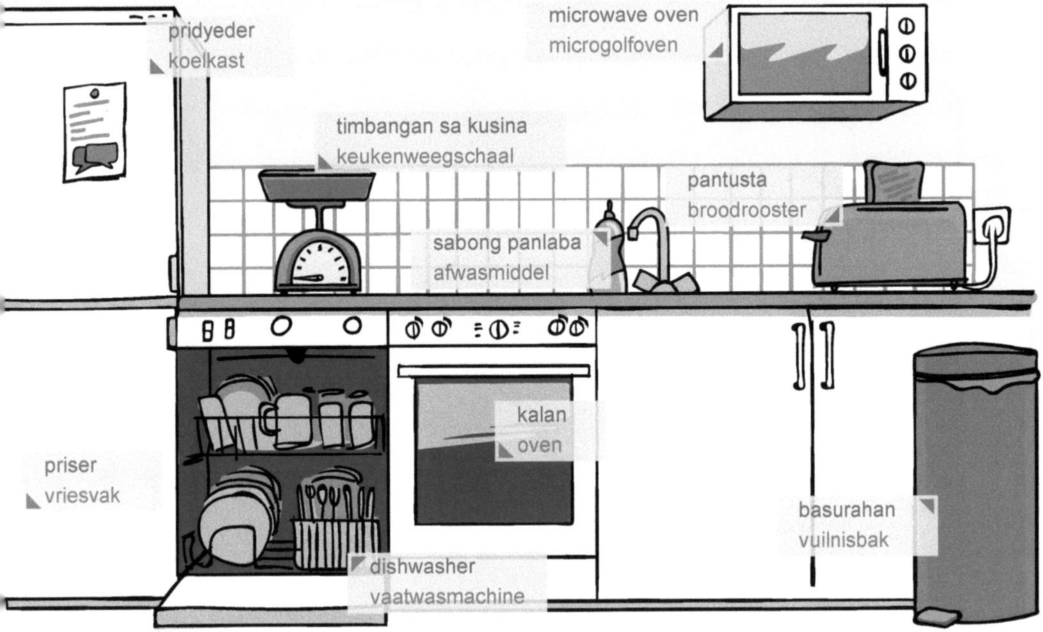

pridyeder
koelkast
microwave oven
microgolfoven
timbangan sa kusina
keukenweegschaal
pantusta
broodrooster
sabong panlaba
afwasmiddel
kalan
oven
priser
vriesvak
basurahan
vuilnisbak
dishwasher
vaatwasmachine

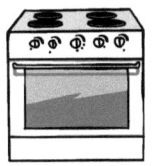

lutuan

fornuis

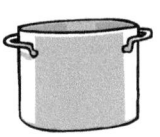

kaldero

pot

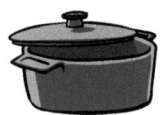

kalderong bakal

gietijzeren pot

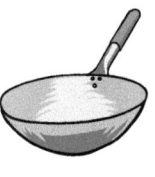

wok / kadai

wok / kadai

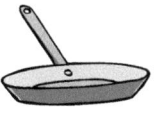

kawali

pan

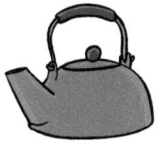

takore

waterkoker

pasingawan

stoomkoker

bandehado sa paghuhurno

bakplaat

babasagin

servies

mug

mok

mangkok

kom

sipit ng intsik

eetstokjes

sandok

pollepel

spatula

spatel

pampalis

garde

pansala

vergiet

salaan

zeef

pangkayod

rasp

almires

mortier

barbikyo

barbecue

siga

haardvuur

tadtaran

snijplank

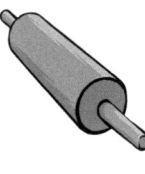

rodilyo

deegrol

tribuson

kurkentrekker

lata

blik

pambukas ng lata

blikopener

panghawak ng kaldero

pannenlap

lababo

gootsteen

bras

borstel

espongha

spons

blender

blender

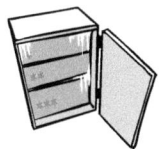

malalim na freezer

vriezer

bote ng sanggol

papfles

gripo

kraan

palikuran

badkamer

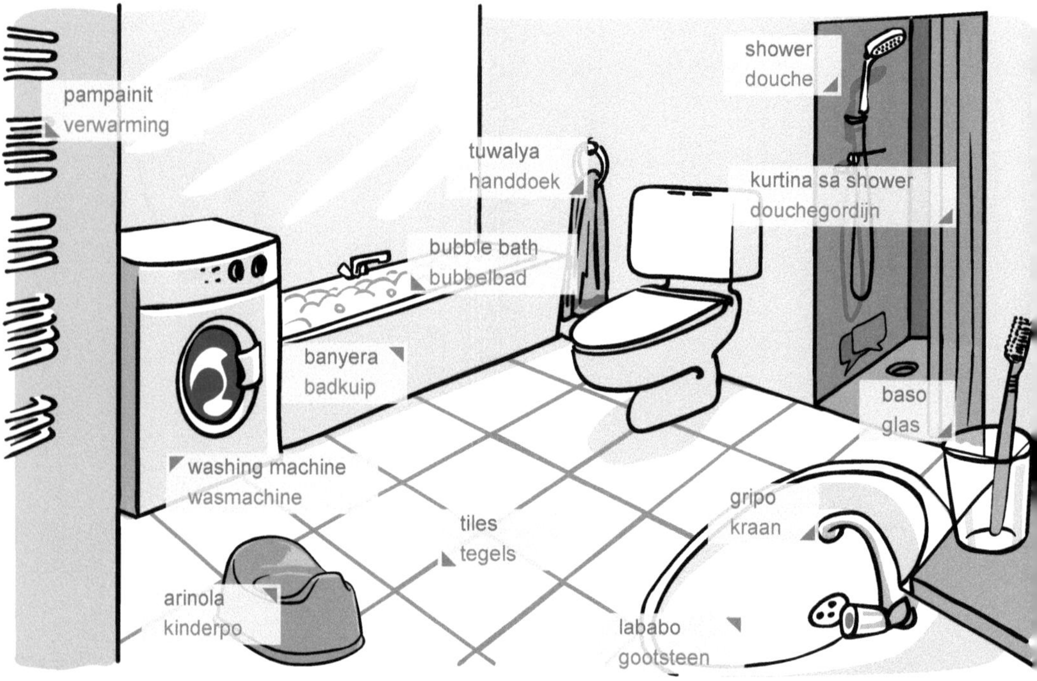

pampainit
verwarming
shower
douche
tuwalya
handdoek
kurtina sa shower
douchegordijn
bubble bath
bubbelbad
banyera
badkuip
baso
glas
washing machine
wasmachine
gripo
kraan
tiles
tegels
arinola
kinderpo
lababo
gootsteen

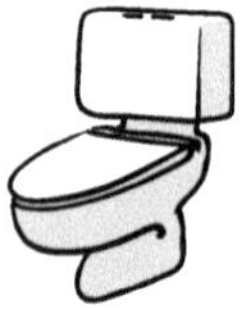

banyo

toilet

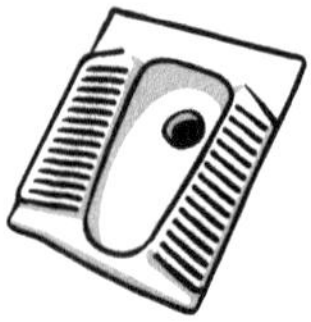

squat toilet

hurktoilet

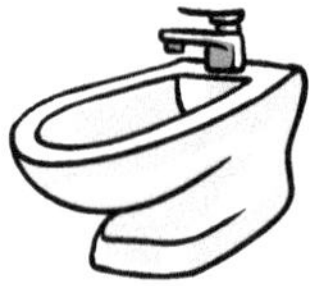

bidet

bidet

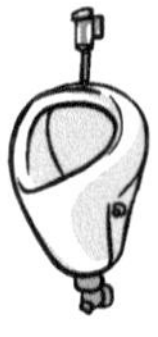

ihian

urinoir

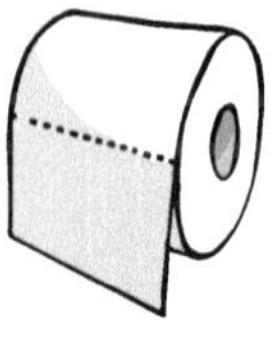

toilet paper

toiletpapier

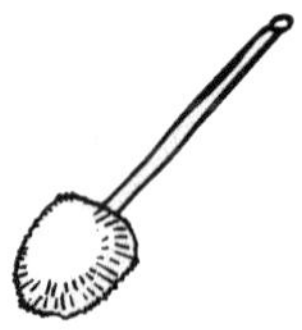

iskoba sa banyo

toiletborstel

sipilyo

tandenborstel

tutpeyst

tandpasta

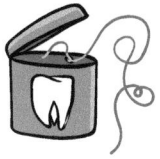

dental floss

flosdraad

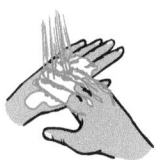

hugasan

wassen

shower na hinahawakan

handdouche

dutsa

bidethanddouche

palanggana

waskom

bras panlikod

rugborstel

sabon

zeep

shower gel

douchegel

shampoo

shampoo

pranela

washandje

paagusan

afvoer

krema

crème

deodorant

deodorant

salamin

spiegel

salaming hinahawakan

handspiegel

pang-ahit

scheermes

bulang pang-ahit

scheerschuim

aftershave

aftershave

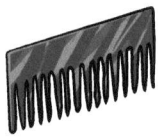

suklay

kam

brush

borstel

pantuyo ng buhok

haardroger

sprey sa buhok

haarlak

makeup

make-up

lipistik

lippenstift

pampakintab ng kuko

nagellak

bulak na lana

watten

panggupit ng kuko

nagelknipper

pabango

parfum

washbag
toilettas

stool
kruk

timbangan
weegschaal

bata
badjas

gomang guwantes
latex handschoenen

tampon
tampon

malinis na tuwalya
maandverband

chemical toilet
chemisch toilet

silid ng bata
kinderkamer

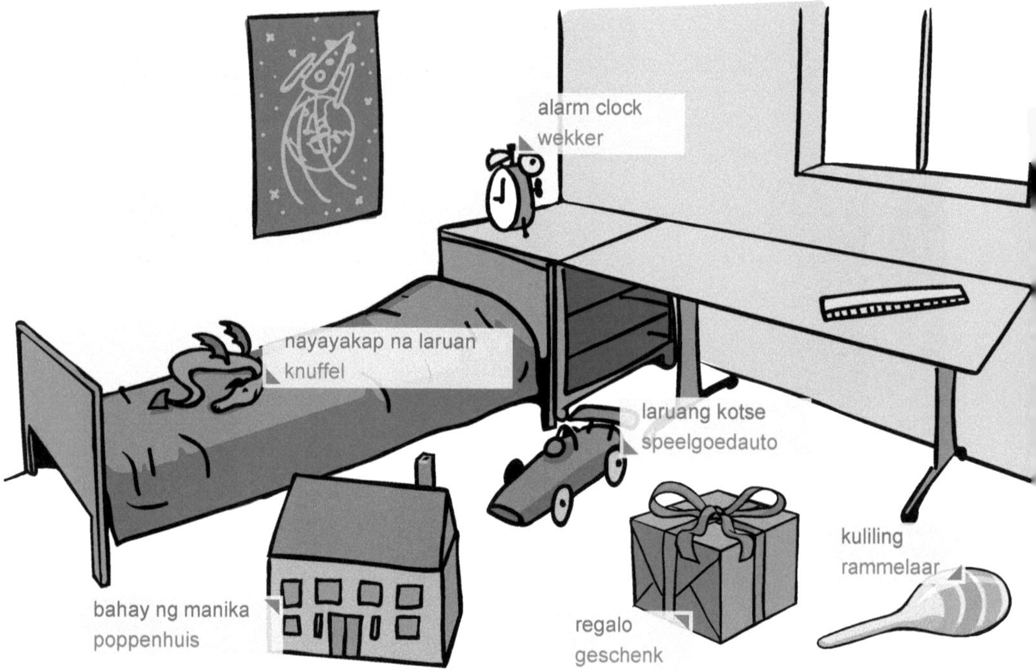
alarm clock
wekker
nayayakap na laruan
knuffel
laruang kotse
speelgoedauto
kuliling
rammelaar
bahay ng manika
poppenhuis
regalo
geschenk

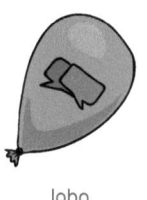

lobo
ballon

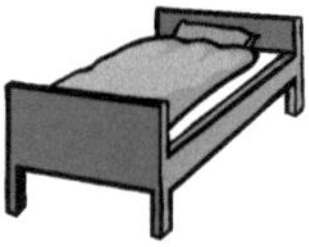

higaan
bed

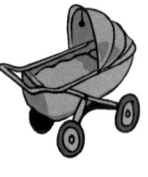

pram
kinderwagen

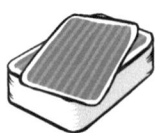

hanay ng mga baraha
spel kaarten

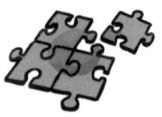

jigsaw
puzzel

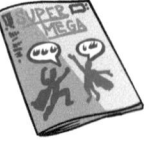

komiks
stripboek

lego bricks

legoblokjes

blokeng laruan

blokken

action figure

actiefiguur

paglaki ng sanggol

kruippakje

frisbee

frisbee

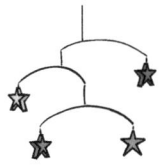

mobile

mobiel

board game

bordspel

dice

dobbelsteen

model train set

modelspoorweg

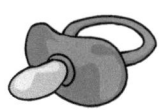

manikin

fopspeen

salu-salo

feest

aklat ng mga litrato

prentenboek

bola

bal

manika

pop

maglaro

spelen

tibagan ng buhangin
zandbak

duyan
schommel

mga laruan
speelgoed

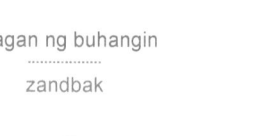

video game console
spelconsole

traysikel
driewieler

teddy bear
knuffelbeer

aparador
kleerkast

pananamit

kleding

medyas
sokken

stockings
kousen

pampitis
maillot

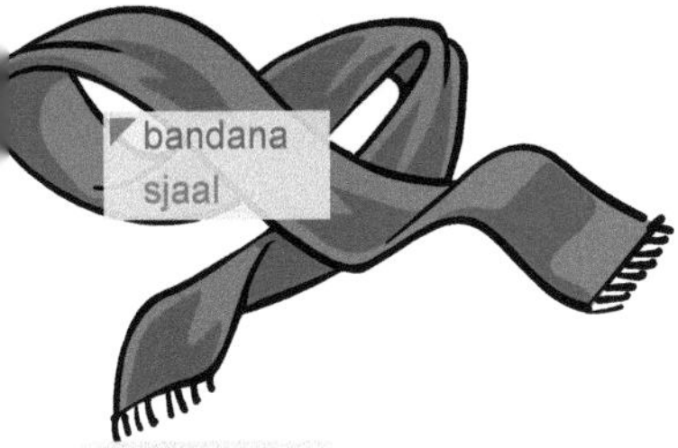

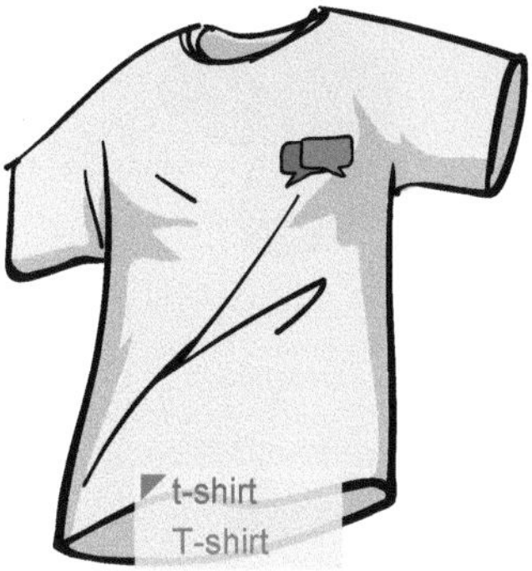

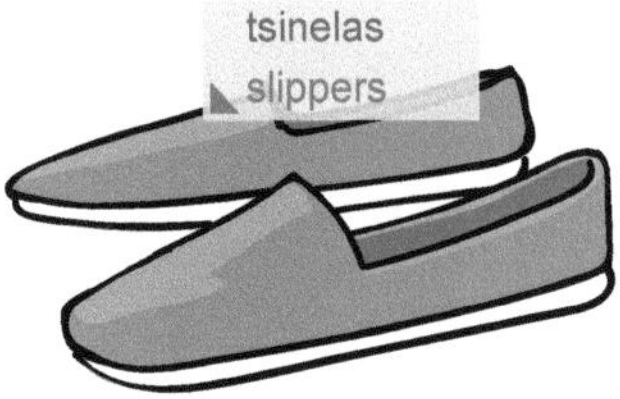

bandana
sjaal

sinturon
riem

payong
paraplu

t-shirt
T-shirt

bota
laarzen

tsinelas
slippers

sneakers
sneakers

sandalyas

sandalen

sapatos

schoenen

botang degoma

rubberlaarzen

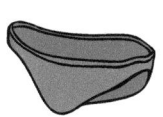

salawal

onderbroek

bra

beha

tsaleko

onderhemd

katawan

lichaam

pantalon

broek

jeans

jeans

palda

rok

blusa

blouse

kamiseta

hemd

pullover

trui

panlamig

capuchontrui

blazer

blazer

diyaket

jas

kapa

jas

kapote

regenjas

kasuotan

kostuum

bistida

jurk

damit pangkasal

trouwjurk

terno

pak

damit pantulog

nachthemd

padyama

pyjama

sari

sari

bandana sa ulo

hoofddoek

turban

tulband

burka

boerka

kaftan

kaftan

abaya

abaya

panlangoy

badpak

trunks

zwembroek

salawal

short

tracksuit

trainingspak

apron

schort

guwantes

handschoenen

butones

knoop

salamin

bril

pulseras

armband

kuwintas

ketting

singsing

ring

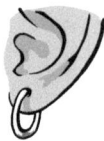

hikaw

oorbel

takip

pet

sabitan ng kapa

kapstok

sombrero

hoed

kurbata

das

siper

rits

helmet

helm

tirante

bretellen

uniporme sa paaralan

schooluniform

uniporme

uniform

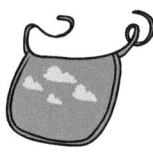

bibero
slabbetje

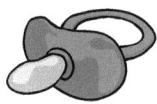

manikin
fopspeen

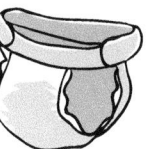

lampin
luier

opisina
kantoor

server
server
kabinet ng file
dossierkast
printer
printer
papel
papier
monitor
monitor
mouse
muis
mesa
bureau
polder
map
keyboard
toestenbord
upuan
stoel
basurahan ng papel
papiermand
kompyuter
computer

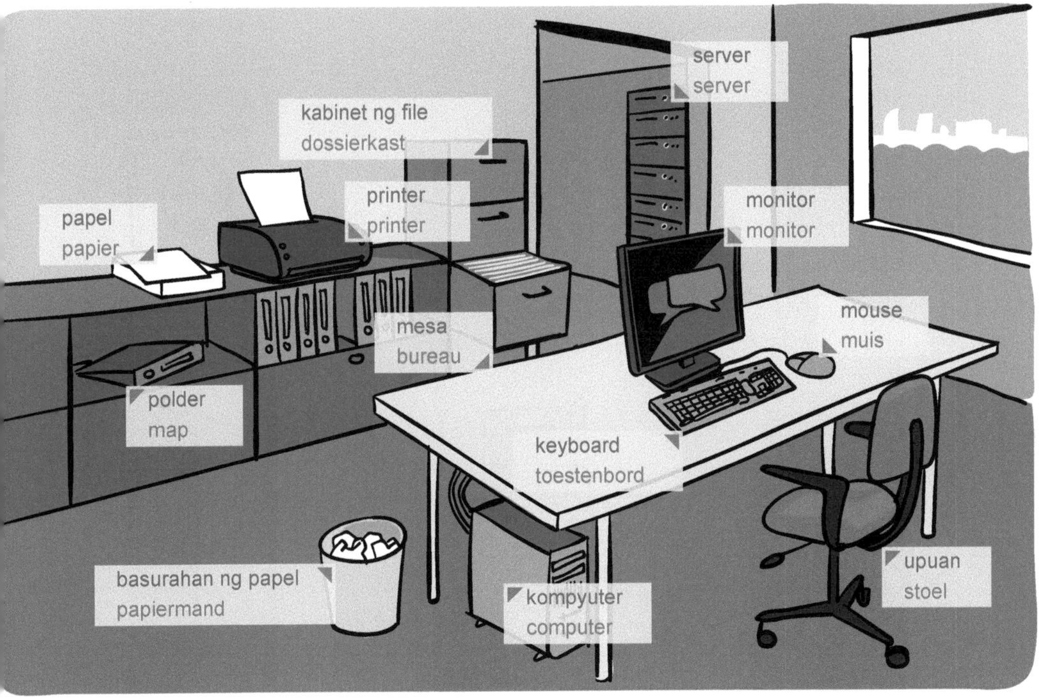

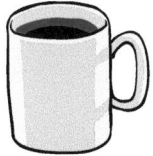

tasa ng kape
koffiemok

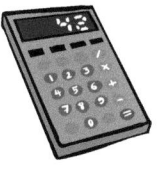

calculator
rekenmachine

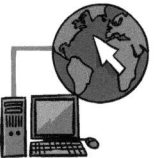

internet
internet

laptop

laptop

sulat

brief

mensahe

bericht

mobile

gsm

network

netwerk

photocopier

kopieerapparaat

software

software

telepono

telefoon

saksakan

stopcontact

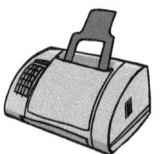

fax machine

fax

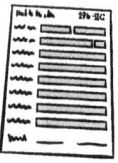

anyo

formulier

dokumento

document

bumili
....
kopen

magbayad
....
betalen

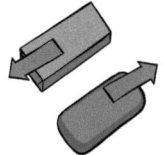

ikalakal
....
handelen

pera
....
geld

dolyar
....
dollar

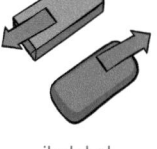 

euro
....
euro

yen
....
yen

rublo
....
roebel

swiss franc
....
Zwitserse frank

renminbi yuan
....
Chinese renminbi

rupee
....
roepie

cash point
....
geldautomaat

tanggapan ng palitan ng pera
wisselkantoor

ginto
goud

tanso
zilver

langis
olie

enerhiya
energie

presyo
prijs

kontrata
contract

buwis
belasting

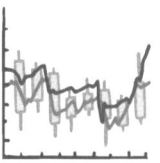

stock
aandeel

trabaho
werken

empleyado
werknemer

taga-empleyo
werkgever

pabrika
fabriek

tindahan
winkel

mga trabaho
beroepen

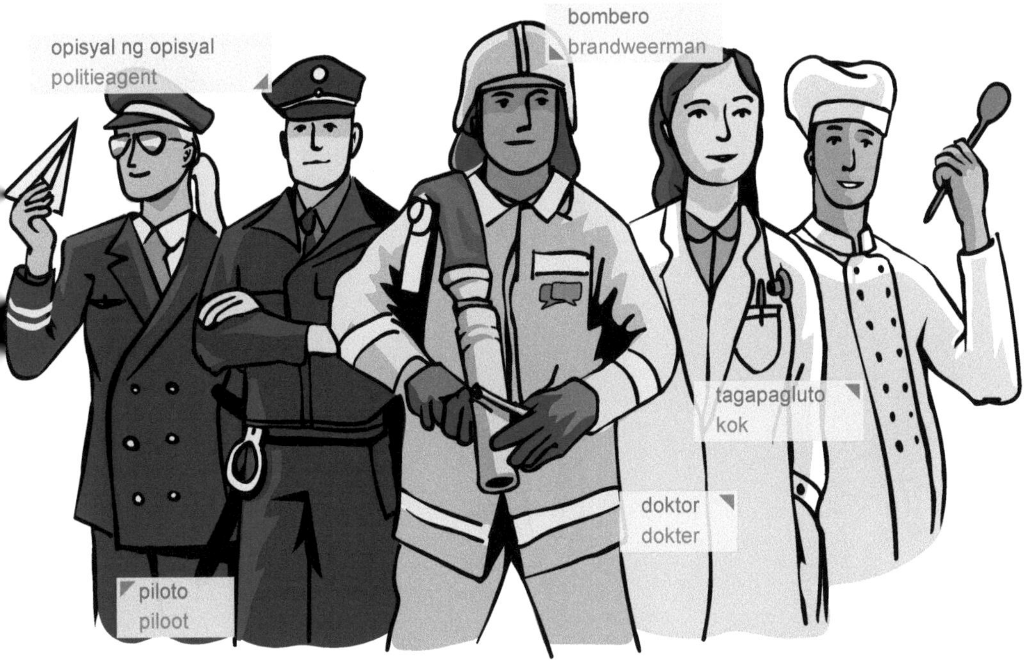
bombero
brandweerman
opisyal ng opisyal
politieagent
tagapagluto
kok
doktor
dokter
piloto
piloot

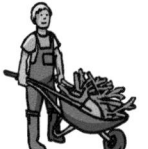

hardinero

tuinman

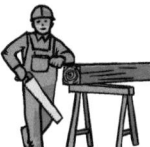

karpentero

timmerman

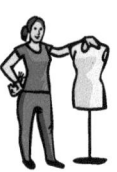

mananahi

naaister

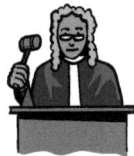

hukom

rechter

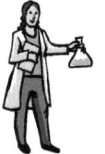

kemiko

chemicus

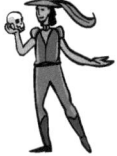

aktor

acteur

tsuper ng bus

buschauffeur

tsuper ng taxi

taxichauffeur

mangingisda

visser

tagapaglinis

schoonmaakster

tagapagkabit ng bubong

dakdekker

waiter

ober

mangangaso

jager

pintor

schilder

panadero

bakker

elektrisyan

elektricien

tagapagtayo

bouwvakker

inhinyero

ingenieur

magkakarne

slager

tubero

loodgieter

kartero

postbode

sundalo

soldaat

arkitekto

architect

kahera

kassier

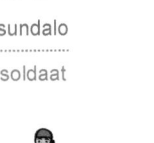

magtitinda ng bulaklak

bloemist

manggugupit

kapper

konduktor

conducteur

mekaniko

mecanicien

kapitan

kapitein

dentista

tandarts

siyentipiko

wetenschapper

rabbi

rabbijn

imam

imam

monghe

monnik

klero

geestelijke

mga kagamitan
werktuigen

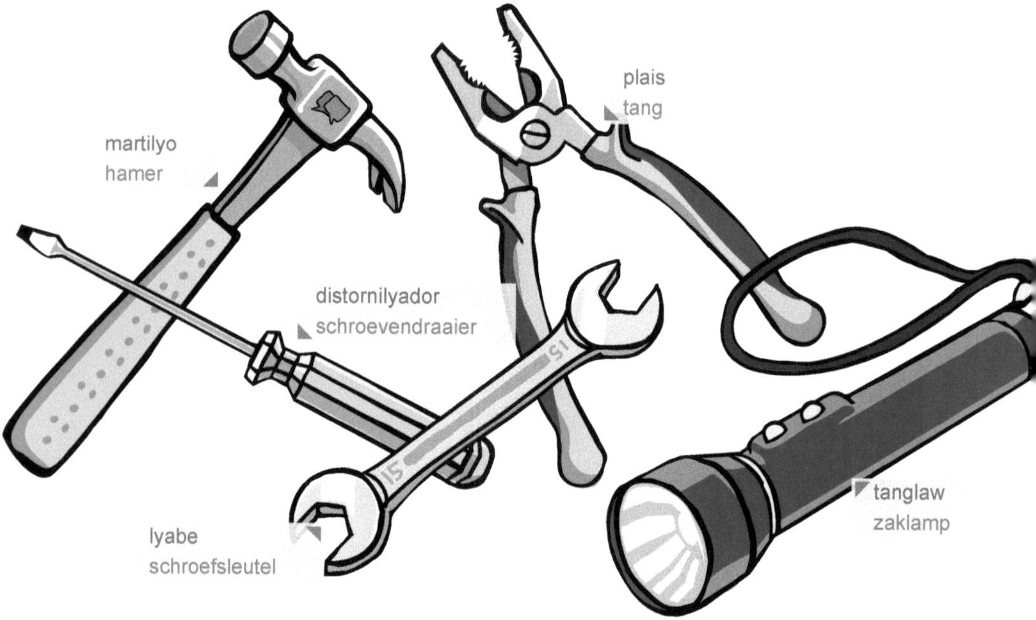
martilyo
hamer
plais
tang
distornilyador
schroevendraaier
lyabe
schroefsleutel
tanglaw
zaklamp

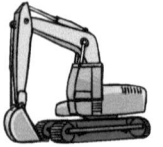

panghukay

graafmachine

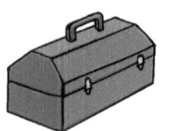

toolbox

gereedschapskoffer

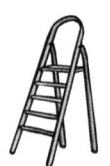

hagdan

ladder

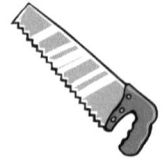

lagari

zaag

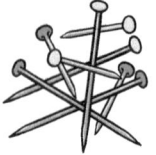

mga pako

spijkers

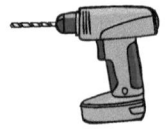

pambutas

boormachine

kumpunihin
repareren

pala
schop

Kainis!
Verdomme!

pandakot
blik

palayok ng pintura
verfpot

mga tornilyo
schroeven

mga pangmusikang instrumento
muziekinstrumenten

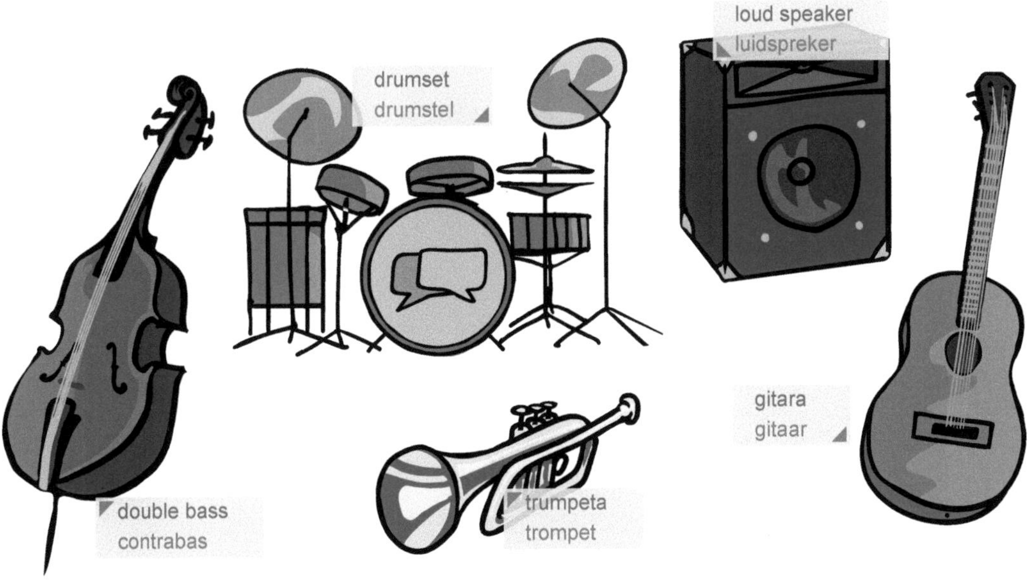

drumset
drumstel

loud speaker
luidspreker

gitara
gitaar

double bass
contrabas

trumpeta
trompet

piyano

piano

biyolin

viool

bass

basgitaar

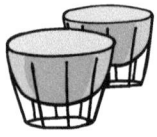

timpani

pauk

mga drum

trommels

keyboard

keyboard

saksopon

saxofoon

plauta

fluit

mikropono

microfoon

ZOO

ZOO

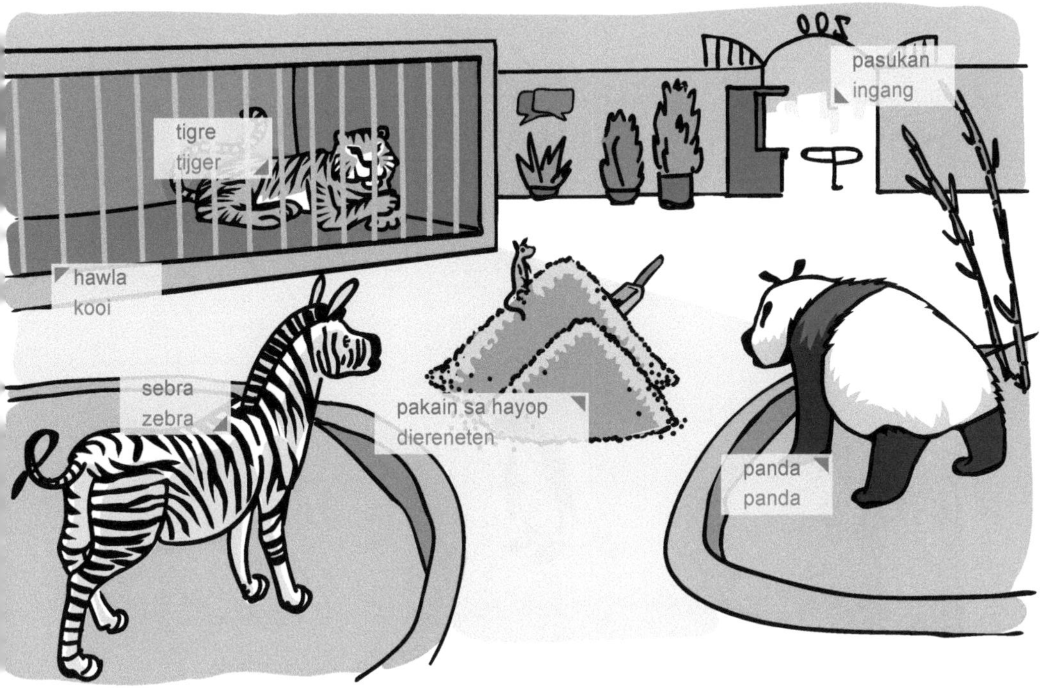

pasukan
ingang
tigre
tijger
hawla
kooi
sebra
zebra
pakain sa hayop
diereneten
panda
panda

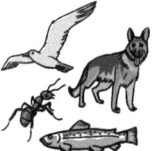

mga hayop

dieren

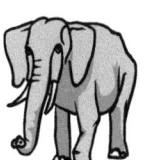

elepante

olifant

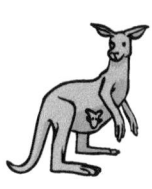

kanggaro

kangoeroe

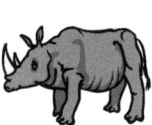

rhino

neushoorn

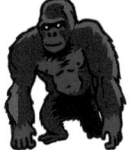

gorilya

gorilla

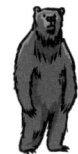

oso

beer

kamelyo

kameel

ostrich

struisvogel

leon

leeuw

unggoy

aap

flamingo

flamingo

loro

papegaai

polar bear

ijsbeer

penguin

pinguïn

pating

haai

paboreal

pauw

ahas

slang

buwaya

krokodil

tagapag-alaga ng zoo

dierenverzorger

seal

zeehond

jaguar

jaguar

buriko
pony

leopardo
luipaard

hipo
nijlpaard

dyirap
giraffe

agila
adelaar

bulugan
wild zwijn

isda
vis

pagong
zeeschildpad

walrus
walrus

soro
vos

gasel
gazelle

Amerikanong putbol
rugby

pamimisikleta
wielrennen

tennis
tennis

basketbol
basketbal

paglalangoy
zwemmen

boksing
boksen

ice-hockey
ijshockey

soccer
voetbal

badminton
badminton

atletiks
atletiek

handball
handbal

skiing
skiën

polo
polo

mga aktibidad
activiteiten

tumawa
lachen
tumalon
springen
yakapin
knuffelen
lumakad
wandelen
kumanta
zingen
mangarap
dromen
magdasal
bidden
halikan
kussen

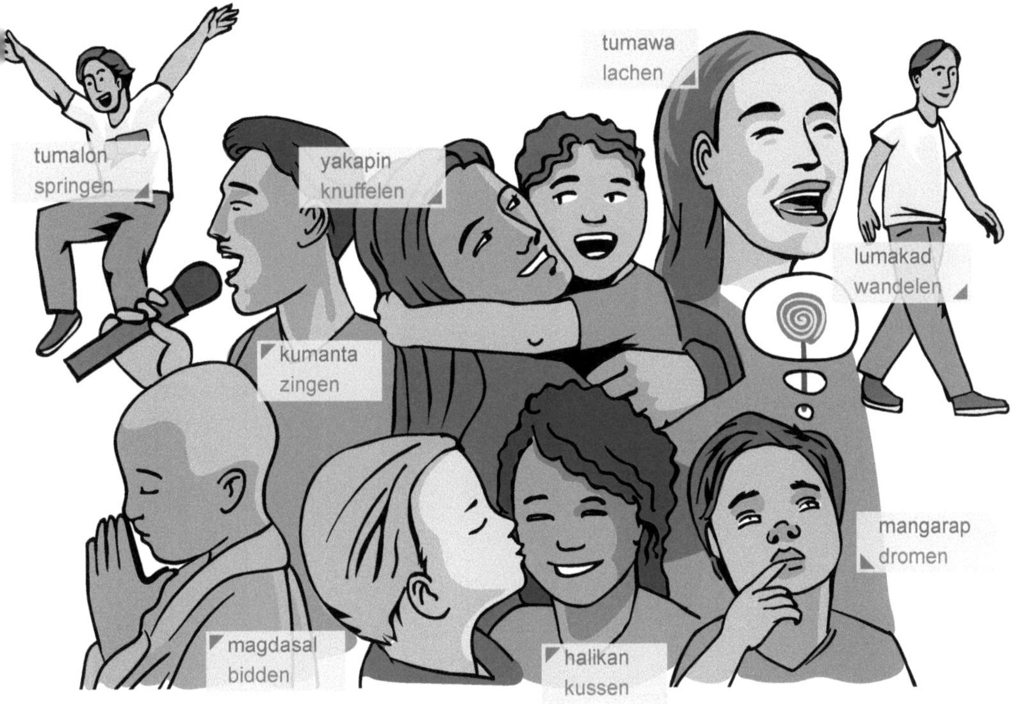

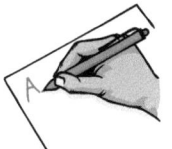

sumulat
schrijven

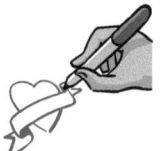

gumuhit
tekenen

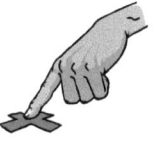

ipakita
tonen

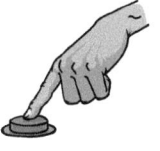

itulak
duwen

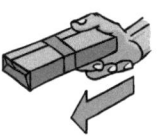

magbigay
geven

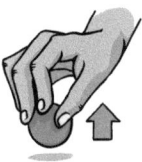

kunin
nemen

magkaroon

hebben

gawin

doen

maging

zijn

tumayo

staan

tumakbo

lopen

hilahin

trekken

itapon

gooien

malaglag

vallen

mahiga

liggen

hintayin

wachten

dalhin

dragen

umupo

zitten

magbihis

aankleden

matulog

slapen

gumising

ontwaken

tumingin

kijken naar

umiyak

wenen

estilo

aaien

magsuklay

kammen

magsalita

praten

intindihin

begrijpen

magtanong

vragen

makinig

luisteren

uminom

drinken

kumain

eten

linisin

opruimen

mahal

houden van

magluto

koken

magmaneho

rijden

lumipad

vliegen

maglayag

zeilen

kalkulahin

rekenen

basahin

Lezen

matuto

leren

trabaho

werken

pakasalan

trouwen

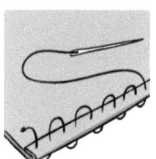

tahiin

naaien

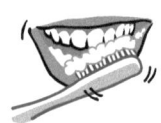

magsipilyo ng ngipin

tandenpoetsen

patayin

doden

manigarilyo

roken

magpadala

sturen

lola
grootmoeder

lolo
grootvader

ama
vader

ina
moeder

sanggol
baby

anak na babae
dochter

anak na lalaki
zoon

panauhin

gast

tiya

tante

tiyo

oom

kuya

broer

ate

zus

katawan

lichaam

noo
voorhoofd
mata
oog
balikat
schouder
daliri
vinger
mukha
gezicht
baba
kin
kamay
hand
binti
been
suso
borst
bisig
arm

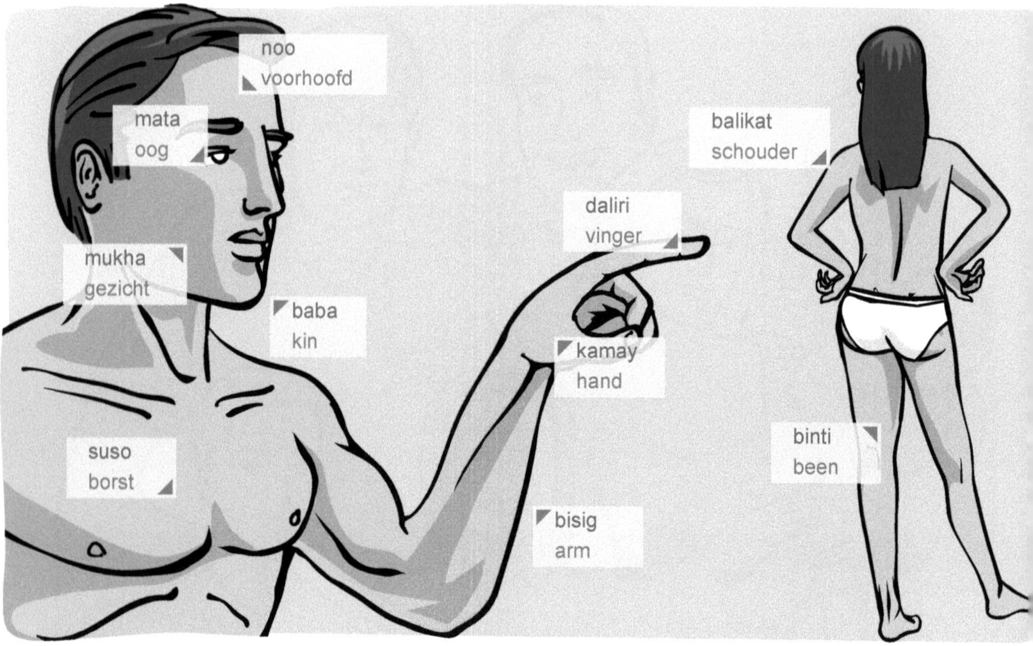

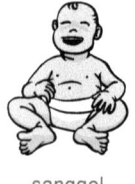

sanggol

baby

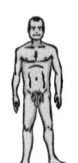

lalaki

man

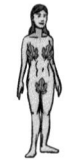

babae

vrouw

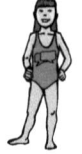

batang babae

meisje

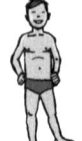

batang lalaki

jongen

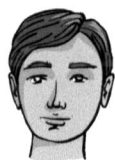

ulo

hoofd

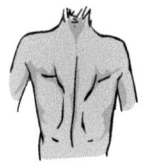

likod
rug

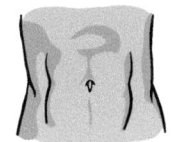

tiyan
buik

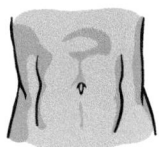

pusod
navel

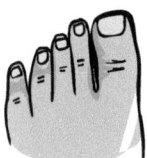

daliri ng paa
teen

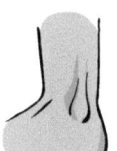

takong
hiel

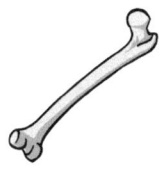

buto
bot

balakang
heup

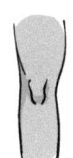

tuhod
knie

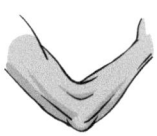

siko
elleboog

ilong
neus

gitna
zitvlak

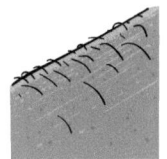

balat
huid

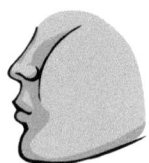

pisngi
wang

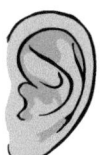

tainga
oor

labi
lip

bibig

mond

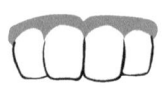

ngipin

tand

dila

tong

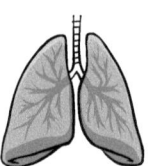

utak

hersenen

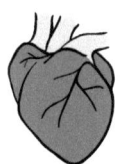

puso

hart

kalamnan

spier

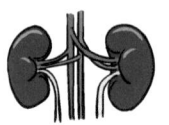

baga

long

atay

lever

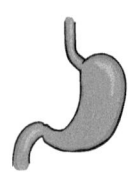

sikmura

maag

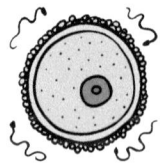

mga bato

nieren

pagtatalik

seks

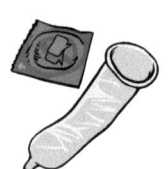

kondom

condoom

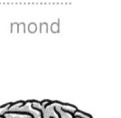

obyum

eicel

semen

sperma

pagbubuntis

zwangerschap

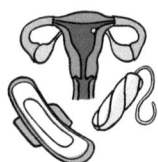

pagreregla

menstruatie

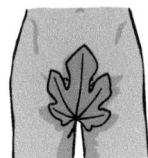

vagina

vagina

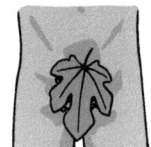

ari ng lalaki

penis

kilay

wenkbrauw

buhok

haar

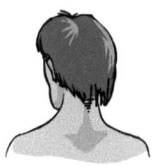

leeg

nek

ospital
ziekenhuis

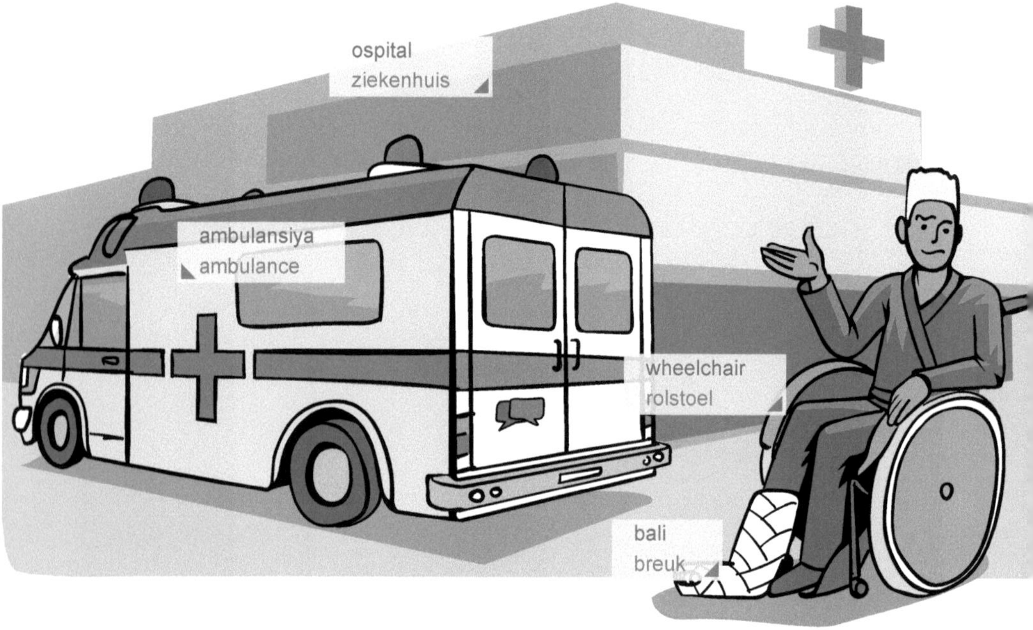

ospital
ziekenhuis
ambulansiya
ambulance
wheelchair
rolstoel
bali
breuk

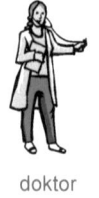

doktor

dokter

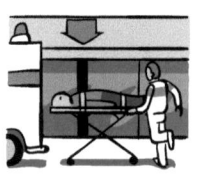

silid pang-emergency

spoed

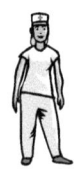

nars

verpleegkundige

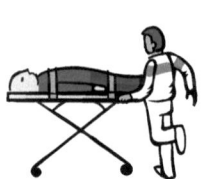

emerhensiya

noodgeval

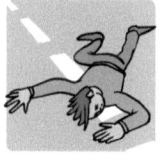

walang malay

bewusteloos

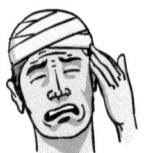

pananakit

pijn

pinsala
verwonding

nagdurugo
bloeding

atake sa puso
hartaanval

atake serebral
beroerte

alerdye
allergie

ubo
hoest

lagnat
koorts

trangkaso
griep

pagdudumi
diarree

sakit ng ulo
hoofdpijn

kanser
kanker

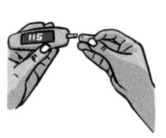

diyabetis
diabetes

siruhano
chirurg

iskalpel
scalpel

operasyon
operatie

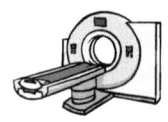

CT

CT

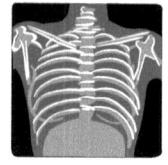

x-ray

röntgenstraal

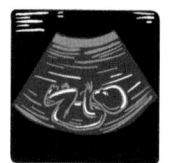

ultrasound

ultrageluid

maskara sa mukha

gezichtsmasker

sakit

ziekte

silid-antayan

wachtkamer

saklay

kruk

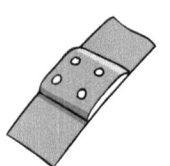

plaster

pleister

benda

verband

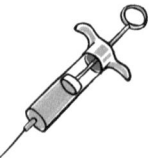

iniksyon

injectie

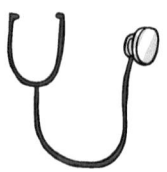

istetoskopyo

stethoscoop

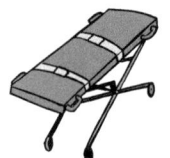

estretser

brancard

klinikal na termometro

thermometer

pagsilang

geboorte

labis sa timbang

overgewicht

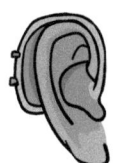

hearing-aid

hoorapparaat

pang-disimpekta

ontsmettingsmiddel

impeksyon

infectie

bayrus

virus

HIV / AIDS

HIV / AIDS

medisina

medicijn

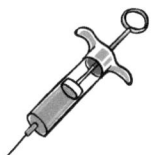

bakuna

vaccinatie

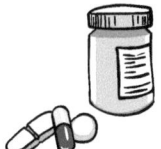

mga tableta

tabletten

tabletas

pil

emergency na tawag

noodoproep

pagmamatyag sa presyon ng dugo

bloeddrukmeter

may sakit / malusog

ziek / gezond

Tulong!

Help!

alarma

alarm

asulto

overval

atake

aanval

panganib

gevaar

labasang pang-emergency

nooduitgang

Sunog!

Brand!

fire extinguisher

brandblusser

aksidente

ongeval

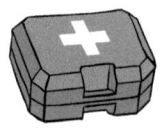

kagamitan sa paunang
lunas

EHBO-kit

SOS

SOS

pulis

politie

Europa

Europa

Hilagang Amerika

Noord-Amerika

Timog Amerika

Zuid-Amerika

Aprika

Afrika

Asya

Azië

Australia

Australië

Atlantika

Atlantische Oceaan

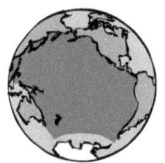

Pasipiko

Stille Oceaan

Dagat Indiano

Indische Oceaan

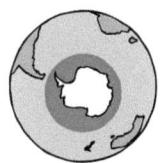

Dagat Antarktika

Antarctische Oceaan

Dapat Arktika

Arctische Oceaan

Hilagang polo

Noordpool

Timog polo

Zuidpool

Antartika

Antarctica

mundo

aarde

lupa

land

dagat

zee

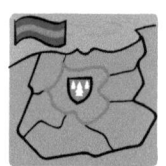

isla

eiland

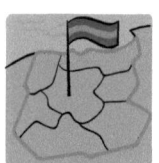

bansa

natie

estado

staat

mukha ng orasan

wijzerplaat

orasang kamay

uurwijzer

minutong kamay

minuutwijzer

segundong kamay

secondewijzer

Anong oras na?

Hoe laat is het?

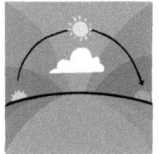

araw

dag

oras

tijd

ngayon

nu

digital na relo

digitale horloge

minuto

minuut

oras

uur

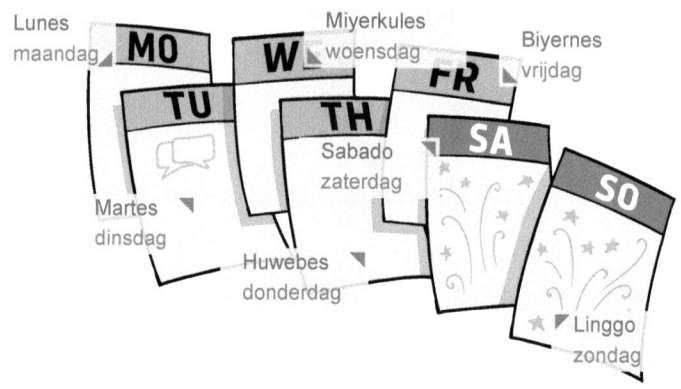

Lunes
maandag

MO

W
Miyerkules
woensdag

FR
Biyernes
vrijdag

TU

TH

SA

Martes
dinsdag

Sabado
zaterdag

SO

Huwebes
donderdag

Linggo
zondag

kahapon

gisteren

ngayon

vandaag

bukas

morgen

umaga

ochtend

tanghali

middag

gabi

avond

mga araw ng negosyo

werkdagen

katapusan ng linggo

weekend

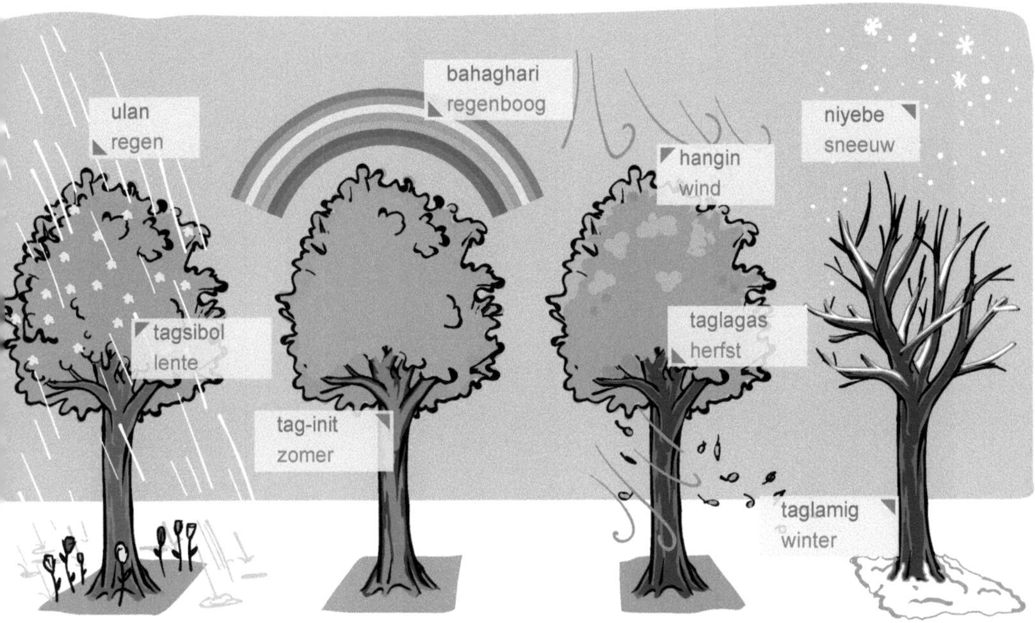

ulan
regen
bahaghari
regenboog
niyebe
sneeuw
hangin
wind
tagsibol
lente
taglagas
herfst
tag-init
zomer
taglamig
winter

4.APRIL 11°
5.APRIL 4°
6.APRIL 13°
7.APRIL 8°
8.APRIL 10°

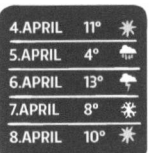

lagay ng panahon

weervoorspelling

F
C
120
90
60
30
0
-30
40
30
20
10
0
-10
-20

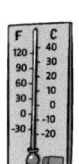

termometro

thermometer

sikat ng araw

zonneschijn

ulap

wolk

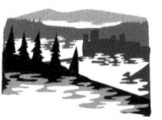

hamog

mist

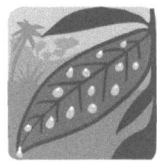

kahalumigmigan

vochtigheid

kidlat

bliksem

kulog

donder

bagyo

storm

may yelong ulan

hagel

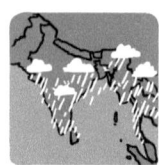

tag-ulan

moesson

pagkain

overstroming

yelo

ijs

Enero

januari

Pebrero

februari

Marso

maart

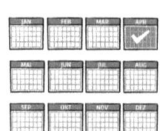

Abril

april

Mayo

mei

Hunyo

juni

Hulyo

juli

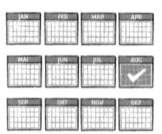

Agosto

augustus

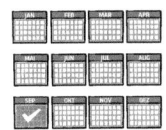

Setyembre

september

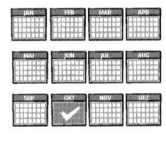

Oktubre

oktober

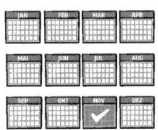

Nobyembre

november

Disyembre

december

bilog

cirkel

parisukat

kwadraat

rektanggulo

rechthoek

tatsulok

driehoek

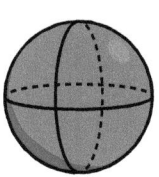

pabilog

bol

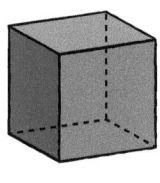

kyub

kubus

mga kulay
kleuren

puti

wit

dilaw

geel

kahel

oranje

rosas

roze

pula

rood

ube

paars

asul

blauw

berde

groen

brown

bruin

grey

grijs

itim

zwart

marami / kakaunti

veel / weinig

takot / kalmado

boos / kalm

maganda / pangit

mooi / lelijk

simula / katapusan

begin / einde

malaki / maliit

groot / klein

matingkad / madilim

licht / donker

kuya / ate

broer / zus

malinis / madumi

proper / vuil

kumpleto / kulang

volledig / onvolledig

araw / gabi

dag / nacht

patay / buhay

dood / levend

malawak / makipot

breed / smal

nakakain / hindi nakakain

eetbaar / oneetbaar

masama / mabuti

kwaadaardig / vriendelijk

nakakatuwa / nakakainip

opgewonden / verveeld

mataba / payat

dik / dun

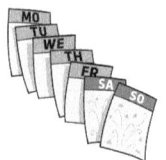

una / huli

eerst / laatst

kaibigan / kaaway

vriend / vijand

puno / walang laman

vol / leeg

matigas / malambot

hard / zacht

mabigat / magaan

zwaar / licht

gutom / uhaw

honger / dorst

may sakit / malusog

ziek / gezond

ilegal / legal

illegaal / legaal

matalino / tanga

intelligent / dom

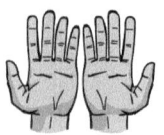

kaliwa / kanan

links / rechts

malapit / malayo

dichtbij / veraf

magkasalungat - tegengestelden

bago /gamit na
nieuw / gebruikt

wala /mayroon
niets / iets

matanda / bata
oud / jong

naka-on / naka-off
aan / uit

bukas / sarado
open / dicht

tahimik / maingay
stil / luid

mayaman / mahirap
rijk / arm

tama / mali
juist / fout

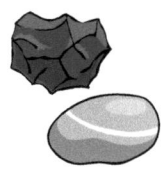

magaspang / makinis
ruw / glad

malungkot / masaya
droevig / blij

maikli / mahaba
kort / lang

mabagal / mabilis
traag / snel

basa / tuyo
nat / droog

maligamgam / malamig
warm / koud

digmaan / kapayapaan
oorlog / vrede

0

sero

nul

1

isa

één

2

dalawa

twee

3

tatlo

drie

4

apat

vier

5

lima

vijf

6

anim

zes

7

pito

zeven

8

walo

acht

9

siyam

negen

10

sampu

tien

11

labing-isa

elf

12

labindalawa

twaalf

13

labintatlo

dertien

14

labing-apat

veertien

15

labinlima

vijftien

16

labing-anim

zestien

17

labimpito

zeventien

18

labing-walo

achtien

19

labinsiyam

negentien

20

dalawampu

twintig

100

daan

honderd

1.000

libo

duizend

1.000.000

milyon

miljoen

Ingles

Engels

Amerikan na Ingles

Amerikaans Engels

Tsinong Mandarin

Chinees (Mandarijn)

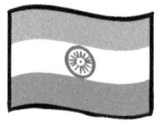

Hindi

Hindi

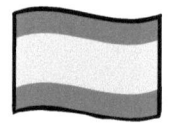

Espanyol

Spaans

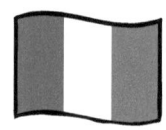

Pranses

Frans

Arabe

Arabisch

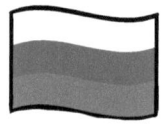

Ruso

Russisch

Portuges

Portugees

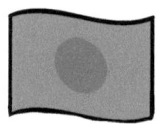

Bengali

Bengali

Aleman

Duits

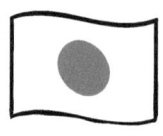

Hapon

Japans

ako
ik

ikaw
u

siya / siya / ito
hij / zij / het

kami
wij

ikaw
u

sila
ze

sino?
wie?

ano?
wat?

paano?
hoe?

saan?
waar?

kailangan?
wanneer?

pangalan
naam

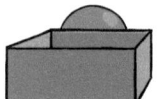

likuran

achter

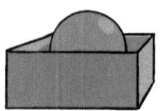

saan

in

sa harap ng

voor

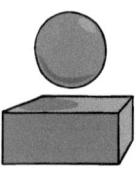

itaas

boven

sa

op

ilalim

onder

katabi

naast

pagitan

tussen

lugar

plaats